JACOPO PEZZAN &
GIACOMO BRUNORO

CHARLES MANSON

CHARLES MANSON
Jacopo Pezzan & Giacomo Brunoro

Copyright © 2020 LA CASE
Copyright © 2013 - 2020 LA CASE
Tutti i diritti riservati

2020 - 1a Edizione Cartacea
2020 - 2a Edizione Digitale
2013 - 1a Edizione Digitale

LA CASE Books
PO BOX 931416, Los Angeles, CA, 90093
info@lacasebooks.com || www.lacasebooks.com

Nessuna parte di questo libro può essere riprodotta o archiviata in un sistema di recupero né trasmessa in qualsivoglia forma o mediante qualsiasi mezzo, elettronico, meccanico, tramite fotocopie o registrazioni o in altro modo, senza l'autorizzazione scritta esplicita dell'editore.

ISBN-13: 978-1-953546-96-8

CHARLES MANSON

INDICE

- 1   American Nightmare
- 3   Una vita al limite
- 11   The Summer of Love
- 25   La Manson Family
- 33   Fuori controllo
- 39   Le stragi
- 49   Caccia ai figli del Diavolo
- 55   Processo alla Family
- 63   Che fine hanno fatto?
- 87   «Vedo sangue tutti i giorni...»
- 93   Gli autori
- 95   LA CASE Books
- 97   Credits

AMERICAN NIGHTMARE

Ripercorrere la vita e le gesta di Charles Manson significa entrare in una storia di follia incomprensibile e disturbante. Una storia che negli anni è perfino entrata nell'immaginario pop contemporaneo, nonostante si stia parlando di fatti di una violenza inaudita. Prima di iniziare questo vero e proprio viaggio nell'orrore però è necessario fare una premessa importante. Quella di Charles Manson non è una storia personale molto diversa da quella altre decine di criminali e assassini in tutto il mondo. Da questo punto di vista non si tratta di nulla di nuovo. Quello che invece rende unica e speriamo irripetibile questa vicenda è il coinvolgimento di tante persone "normali". Ragazzi e ragazze di qualsiasi estrazione sociale e cultura, così come musicisti e produttori di Hollywood, ma anche gente comune dalla vita all'apparenza regolare infatti hanno frequentato Charles Manson e ne sono rimasti tutti affascinati e, in qualche modo, stregati.

Decine di persone in tutto e per tutto simili a noi, o per lo meno così potevano sembrare. Persone che avrebbero potuto condurre vite ordinarie, monotone e felici, hanno invece guardato negli occhi il diavolo e questo ha cambiato per sempre i loro destini.

Erano convinti di vivere il sogno americano. Si sono risvegliati nel bel mezzo di un incubo.

UNA VITA AL LIMITE

Senza Nome Maddox

Charles Manson nasce a Cincinnati, in Ohio, il 12 novembre 1934. Sua madre, Kathleen Maddox, è una ragazza del Kentucky di appena di 16 anni scappata di casa e senza fissa dimora. Non si sa con certezza chi fosse il padre di quel bambino che infatti all'anagrafe viene registrato semplicemente come "Senza Nome Maddox". Dopo alcuni giorni però la madre decide di chiamarlo Charles Milles Maddox.

La ragazza è giovanissima, sbandata e incapace di prendersi cura di un neonato. Dopo alcuni mesi dalla nascita del piccolo si sposa con William Manson il quale decide di dare il proprio nome al bambino che da quel giorno diventerà ufficialmente Charles Milles Manson. Sembra quasi certo che il padre biologico di Charles Manson fosse un certo Colonnello Walker Scott, un uomo frequentato per un brevissimo periodo da Kathleen Maddox. Come abbiamo detto la madre di Charles Manson è un'alcolizzata incapace di qualsiasi progetto di vita.

Un giorno, al limite della disperazione e sotto l'effetto dell'alcol, baratta il bambino ancora in fasce con una caraffa di birra. Sarà il fratello della ragazza a recuperare il neonato pochi giorni dopo a casa di una cameriera che non poteva avere figli.

Il dramma della disperazione e la follia si mescolano fin da subito nella vita del piccolo Charles Manson.

È il 1939 quando Kathleen Maddox e suo fratello vengono condannati a 5 anni di reclusione per rapina a mano armata ai danni di una stazione di servizio in West Virginia.

In seguito alla carcerazione della madre il bambino viene affidato agli zii, una coppia profondamente religiosa al limite del bigottismo, che vive in una cittadina in West Virginia.

La vita del piccolo Charles sembra quindi prendere una diversa piega e per un certo periodo pare addirittura che le cose si rimettano a posto. Charles ha tutto quello che qualsiasi altro bambino della sua età possa desiderare: una casa, dei giochi, vestiti e pasti regolari.

Frequenta la chiesa con gli zii ma fin da subito non sopporta le funzioni e la dottrina che gli vengono imposte dai famigliari. L'unica cosa che sembra renderlo felice è cantare nel coro della chiesa.

In quel periodo il bambino si affeziona a un altro

zio, un montanaro del Kentucky fanatico sudista convinto che la guerra civile non sia ancora finita.

«Mio zio mi diceva: "Noi non
ci siamo arresi, siamo ancora
dei ribelli e saremo ribelli fino
alla fine dei giorni.

Io non accetto nessuna
istruzione degli Yankees. Non
andare in quelle scuole
ragazzo".

Così a nove anni diedi fuoco
alla scuola e mi spedirono
in riformatorio».

IL RIFORMATORIO

Tra il 1942 e il 1947 Manson passa alcuni periodi con sua madre spostandosi di città in città, seguendo il corso delle relazioni passeggere che la donna intreccia con uomini di tutti i tipi.

A un certo punto Kathleen Maddox cerca senza successo di mettere il bambino presso una casa famiglia ma alla fine lo affida a una specie di orfanotrofio statale.

Dopo pochi mesi il bambino scappa per andare a ricongiungersi con la mamma, la donna però rifiuta di riprenderlo con sé, come dichiarerà in seguito lo stesso Manson:

> «Mi disse semplicemente
> che tutto quello che mi aveva
> detto erano solo bugie.
>
> In quel preciso istante capii
> che non dovevo più credere
> a nessuno».

Manson a quel punto viene riportato nella struttura che lo ospitava ma dopo pochi mesi scappa di nuovo. Ha solo 14 anni e per sopravvivere inizia a commettere una serie di reati più o meno gravi. Nel 1949, dopo un ulteriore periodo trascorso in riformatorio, viene mandato presso la famosa struttura di accoglienza chiamata "Boys Town" diretta da Padre Flanagan. Manson resiste appena 4 giorni, poi scappa di nuovo. Ruba macchine, commette furti nei supermercati e vive di espedienti. Pochi mesi dopo viene arrestato per rapina a mano armata.

Manson è ancora minorenne e per la legge non è processabile quindi viene ancora una volta destinato a un centro di riabilitazione per ragazzi problematici, questa volta nello stato dell'Indiana.

Anni dopo Manson dichiarerà di essere stato picchiato e violentato diverse volte all'interno di questa struttura. Riuscirà a scappare ben 18 volte ma ogni volta verrà riacciuffato e riportato indietro dopo pochi giorni.

Nonostante abbia un quoziente intellettivo pari a 121 punti (dove 100 è la media e 140 la soglia per essere considerati dei geni) Charles Manson è praticamente analfabeta. A poco a poco la sua fedina penale si arricchisce sempre di più, e per tanto viene destinato a strutture via via più punitive passando dalla "National Training School for Boys" a Washington D.C. al "Natural Bridge Honor Camp".

Nel 1952, mentre è rinchiuso presso il "Natural Bridge Honor Camp" afferra un rasoio nel tentativo di tagliare la gola a un ragazzo che stava sodomizzando. Per fortuna la tragedia viene soltanto sfiorata.

A seguito di questo episodio Manson viene trasferito prima presso il temutissimo "Federal Reformatory" di Petersburg in Virginia, per finire poi presso il "Federal Reformatory" di Chillicotheche in Ohio. Entrambe le strutture altro non erano che carceri per minorenni.

All'interno di queste prigioni per minori Manson si trasforma e diventa un detenuto modello: impara a leggere, studia e prende la licenza elementare e media, si tiene lontano dalle risse e dai guai, impara diversi mestieri. Questa sua metamorfosi fa breccia nei giudici che nel 1954 lo rilasciano per buona condotta prima della scadenza della sua pena.

Ora Manson ha 20 anni, molti dei quali passati dentro e fuori strutture correttive più o meno severe.

Il matrimonio

Nel 1955 sposa una giovane infermiera di nome Rosalie Jean Willis di appena 17 anni. Per mantenersi fa lavori occasionali e ruba macchine. Per un po' le cose sembrano andare bene, ma non passa troppo tempo prima che la vera natura di Manson emerga.

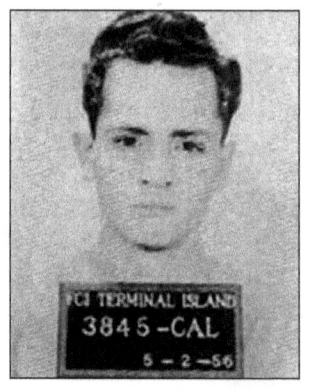

Charles Manson in una foto segnaletica del 1956

Tre mesi dopo essersi sposato si mette alla guida di un'auto rubata con la giovane moglie e si dirige verso la California. Viene arrestato pochi giorni dopo e processato per direttissima.

La faccenda è grave perché Manson, ancora in libertà condizionale, ha portato fuori dallo stato un'auto rubata: per la legge statunitense si tratta di un reato federale. La ragazza però è incinta e, di fronte a questa drammatica situazione, il giudice decide di dare al ragazzo un'altra possibilità e lo rilascia sulla parola. Manco a dirlo pochi giorni dopo gli verrà revocato anche questo beneficio a causa dell'ennesimo reato.

A questo punto per Manson si apriranno le porte del carcere. Quello vero.

La galera

Mentre Manson è in carcere a scontare diverse pene accumulate negli anni sua moglie dà alla luce un bambino, Charles Manson Jr. Durante il primo anno di carcere la ragazza va spesso a trovare il marito fino a quando non incontra un altro uomo e va a vivere con lui.

Pochi giorni prima di uscire in libertà condizionale Manson cerca di evadere dal carcere ma viene subito catturato. Risultato: altri 5 anni di carcere e libertà condizionale revocata.

Nonostante tutto Manson nel settembre del 1958 viene rilasciato sulla parola dopo pochi mesi di carcere. Al momento i suoi reati sono tutto sommato di lieve entità e i giudici sperano che il ragazzo si ravveda, ma già nel novembre dello stesso anno, dopo neanche due mesi, viene accusato di favoreggiamento della prostituzione.

Dopo appena un anno di libertà viene arrestato di nuovo per aver cercato di incassare un assegno falso di appena 43 dollari. Viene condannato a 10 anni di prigione con la condizionale e questo grazie alla lacrimevole testimonianza di una prostituta che riesce a intenerire la corte. La ragazza arriva a dire di essere pronta a sposarlo se solo "Charlie venisse liberato" e così, forse per dar credito alla testimonianza della ragazza o forse per far sì che non potesse testimoniare contro di lui, i due alla fine si sposano. Nel frattempo infatti Manson aveva divorziato dalla prima moglie. Passano pochi mesi e Manson viene arrestato di nuovo per favoreggiamento della prostituzione.

Questa volta non ci sono più scappatoie, dovrà scontare 10 anni di prigione. In carcere lega con il boss malavitoso Alvin "Creepy" Karpis che gli insegna a suonare la chitarra e, con l'aiuto di altri carcerati, ottiene un paio di contatti di persone influenti a Hollywood.

Nel 1963 anche la seconda moglie di Manson ottiene il divorzio e fa mettere a verbale che i due hanno avuto un figlio, Charles Luther.

Durante la sua detenzione Manson rifiuta di essere inserito in qualsiasi programma di riabilitazione, non partecipa ai corsi scolastici e non impara nessun mestiere. Semplicemente sconta la sua pena, suonando la chitarra e arrangiando canzoni.

THE SUMMER OF LOVE

Fuori dal carcere

Nel marzo del 1967 Manson viene rilasciato per buona condotta.

Ha 32 anni, metà dei quali passati in carcere o in istituti correttivi di varia natura.

Si può dire che Manson non sappia cosa sia la vita al di fuori dalla prigione e infatti lui in carcere si trova bene, tanto che chiede addirittura alle autorità di potervi restare.

Nonostante la sua fedina penale sia una vera e propria enciclopedia del crimine (stupri, rapine, risse, aggressioni varie, furti, sfruttamento della prostituzione) il giudice di turno non può accogliere la sua domanda.

Manson torna a essere un uomo libero e deve affrontare il mondo esterno.

«Non avevo mai realizzato
bene come le persone fuori
dal carcere sono così diverse
dalle persone in carcere.
In prigione se menti vieni
punito, ti picchiano.

Non si mente alla guardia
e la guardia non mente
a te, è una questione
di sopravvivenza.

C'è una certa dose di onestà
in prigione e visto che sono
praticamente cresciuto
in prigione posso dire
di essere cresciuto
con l'ideale della verità».

SAN FRANCISCO

Di nuovo libero Manson decide di trasferirsi a San Francisco: siamo nel pieno dell'epoca *hippy* e del *flower power* che proprio quell'estate vive il suo momento di massimo splendore. È la famosa *"Summer of Love"* che attira a San Francisco migliaia di giovani da tutto il mondo.

Quello che era nato come un movimento pacifico si era però ben presto trasformato in un qualcosa di più pericoloso e dai contorni meno definiti. Al fianco dei movimenti che professano la pace e l'amore universale si creano infatti ben presto gruppi di ragazzi sbandati, violenti e poco raccomandabili. Le canne di marijuana vengono sostituite dagli acidi lisergici prima e dalle droghe eccitanti poi. La città di San Francisco diventa ricettacolo di qualsiasi estremismo politico, ideologico e filosofico. Una sorta di sabba anarchico completamente fuori controllo.

> «Una celebre canzone di quegli anni diceva "se vieni a San Francisco ricordati di mettere un fiore tra i capelli".
>
> La realtà è che da un certo punto in poi era meglio avere una 44 magnum alla cintura».

Inutile sottolineare come questo fosse proprio l'ambiente ideale per uno come Charles Manson.

Nonostante non abbia un fisico imponente (è molto magro ed è alto appena 1 metro e 58) Manson a detta di tutti ha uno sguardo letteralmente ipnotico. Per non parlare del modo in cui riesce a entrare nella testa delle persone grazie a un talento oratorio a quanto pare irresistibile.

Formazione di un guru

Agli inizi Charlie, come veniva chiamato Manson dagli amici, vive di elemosina e di espedienti, ma ben presto la sua carica magnetica e la sua capacità di capire le persone al volo gli permettono di creare un gruppo di seguaci che lo seguono e lo adorano come se fosse un guru. Secondo alcuni Manson avrebbe maturato queste capacità crescendo in carcere, un ambiente duro dove per sopravvivere devi capire subito con chi hai a che fare e in questo Manson non era secondo a nessuno. Si dice che gli bastasse guardare una persona per pochi istanti per capire immediatamente che cosa l'aveva spinta a San Francisco e cosa stesse cercando.

Ecco cosa dirà lo stesso Manson a un giornalista durante una celebre intervista televisiva rilasciata in carcere molti anni dopo.

> «C'è una differenza tra te e me.
> Metti che da ragazzino tu
> stessi andando a San Louis
> con il pullman e un certo
> punto ti finivano i soldi.
> Cosa facevi?
>
> Correvi alla prima cabina
> del telefono e chiamavi
> la mamma. Io no, io andavo
> ad appostarmi in un vicolo

e facevo quello che dovevo
fare per sopravvivere.

Questa è la differenza, tu sei
un debole perché non hai
lottato per sopravvivere.
Tu ti crei tutti i tuoi film
in testa, giochi con la tua
mente, ti crei un sacco di alibi.
Sei un debole.

Comunque io non ho cercato
nessuno, sono loro che sono
venuti da me. Io ero libero
e felice a San Francisco,
suonavo la mia musica. Sono
loro che mi hanno trovato».

E fu così che a poco a poco caddero nella sua rete decine di giovani, molti dei quali provenienti da famiglie benestanti e con percorsi di vita regolari. La sua prima vittima è una bibliotecaria di Berkley che ospita Manson a casa sua.

Da lì si muove freneticamente, suonando ogni sera in un club diverso, frequentando le compagnie più disparate e, soprattutto, iniziando a fare proselitismi con la sua teoria della "Big Family".

Nasce la Manson Family

Intorno a Manson ormai ci sono tanti ragazzi e ragazze, non per forza sbandati o drogati, anzi molto spesso si trattava di persone con validi titoli di studio e con tutte le carte in regola per avere successo nella vita. A Manson bastava uno sguardo o un'incertezza in una risposta per capire al volo i punti deboli di chi gli stava davanti e sfruttarli a suo vantaggio.

La bibliotecaria è soltanto la prima, dopo di lei Manson circuisce Lynette Fromme, una ragazza scappata di casa, Patricia Krenwinkle e Mary Ann, una ex suora da cui Manson si trasferirà lasciando la casa della bibliotecaria.

Lynette Fromme, detta "Squeaky" (fu lo stesso Manson a darle quel soprannome perché a quanto pare quando faceva l'amore la ragazza "squittiva" come uno scoiattolo) e Patricia Krenwinkel, ricordano così il loro primo incontro con il guru della Family:

> «Mi guardò e disse solo "tuo padre ti ha cacciato di casa" e questo fu l'inizio. Era così facile parlare con lui. Abbiamo comunicato in molti livelli diversi. La sua mente mi intrigava»
>
> (Lynette Fromme)

«Ho conosciuto Charlie
quando vivevo nella zona della
spiaggia con mia sorella.
Un giorno tornò a casa e mi
disse di prepararmi per andare
a casa di un amico. Charlie era
lì e stava suonando la chitarra
e qualcuno ci presentò.

Quella stessa notte abbiamo
fatto sesso e mi sono sentita
veramente amata da lui forse
perché in quel momento
della mia vita stavo cercando
con tutte le mie forze
di trovare qualcuno da amare.

Quando stavamo facendo
l'amore cominciai a piangere
e piangere. Mi diceva "sei
bellissima, non ci posso
credere" e io piangevo
a dirotto. Qualsiasi cosa lui
pensasse o dicesse per me
era vangelo»

(Patricia Krenwinkel).

Con il passare del tempo Manson si afferma come vero e proprio *maitre a penser* della sottocultura di quegli anni a San Francisco. Elabora una sua personale filosofia unendo diverse teorie (tra cui alcuni principi di Scientology di cui aveva letto qualcosa in carcere) ad alcuni spunti personali. A questo proposito è bene ricordare che, in uno dei tanti verbali di incarcerazione, nella casella corrispondente alla fede religiosa Manson aveva scritto Scientology.

Prima della fine dell'estate Manson e i suoi primi seguaci (le cronache parlano di 8 o 10 persone al massimo in questa fase) si mettono alla guida di un vecchio scuolabus ridipinto e riadattato a camper e percorrono la California da nord a sud. Durante il viaggio conoscono nuove persone ogni giorno e danno passaggi a diversi autostoppisti.

Al gruppo di Manson si uniscono sempre più giovani, alcuni giovanissimi, molti scappati di casa. In breve l'ex detenuto ha a sua disposizione un vero e proprio harem e nel '68 diventa di nuovo padre.

La Manson Family, come verrà poi ribattezzata poi dai giornali, si stabilisce dalle parti di Los Angeles e si distingue per il fatto che la grande maggioranza dei suoi componenti sono donne.

Tra il '68 e il '69 Manson affitta una casa al 21019 Gresham Street a Canoga Park, a pochi chilometri da Los Angeles.

La grande casa gialla presto verrà ribattezzate "Yellow Submarine", un po' per il suo colore decisamente vistoso e un po' per la fissazione di Manson per tutto quello che riguardava i Beatles.

Sono pochissimi gli uomini che fanno parte della Family, a ulteriore conferma di come Manson sia il guru assoluto di quel gruppo di sbandati.

«Tutti quei ragazzi venivano
da me perché nessuno,
prima di allora, aveva
mai detto loro la verità».

*Oggi al 21019 Gresham Street di Canoga Park
al posto di "Yellow Submarine" sorge un complesso
di appartamenti, come è possibile vedere in queste foto
che abbiamo scattato nel 2019.
La costruzione originale è stata abbattuta negli anni '70.*

Per il momento si tratta di uno sperimento di vita di gruppo, una comune non diversa da tante altre esperienze simili in quegli anni in California.

Nel concreto i pilastri su cui si basa la Family sono due: l'amore libero e le droghe. Manson ha sviluppato la passione per la musica in carcere ed è convinto di poter sfondare nel mondo del rock con le sue canzoni. L'unica cosa che gli manca per raggiungere il successo e la fama mondiali secondo lui sono gli agganci nel mondo delle major discografiche.

Dennis Wilson

Un giorno però due ragazze della Family tornano a casa con un ragazzo dalla faccia pulita che le ha raccolte per strada mentre facevano l'autostop alcuni chilometri più a valle. Manson riconosce subito i tratti familiari dell'automobilista, si tratta di Dennis Wilson, batterista e fondatore del gruppo più in voga del momento, i Beach Boys.

Dennis Wilsons insieme a Charles Manson

Per Manson questo incontro altro non è che un segno del destino, la riconferma che le sue sensazioni erano giuste e corrette. Dennis Wilson è l'uomo in grado di cambiare il destino di Manson e per questo, in segno di gratitudine, si china addirittura a baciarne i piedi.

Il giorno dopo Manson e dodici ragazze disponibili (ma il numero è destinato a raddoppiare nel giro di poche settimane) si trasferiscono in pianta stabile a casa di Wilson costandogli in tutto la bellezza di oltre 100.000 dollari di allora. Le giornate trascorrono tra la musica e le chiacchiere di Manson e Wilson mentre le ragazze vengono utilizzate per assecondare le loro richieste di qualsiasi natura.

Wilson finanzia l'avventura musicale del suo nuovo amico affittando e pagando di tasca sua studi di registrazione professionali per incidere i dischi di Manson e presentandolo a diverse persone dello show business tra cui Gregg Jakobson, Rudi Altobelli e Terry Melcher (il figlio di Doris Day). Quest'ultimo in particolare abitava 10050 di Cielo Drive prima di affittare la casa pochi mesi dopo a Roman Polanski e Sharon Tate.

Terry Melcher, che all'epoca era il produttore dei Beach Boys, propone addirittura al manager del gruppo, Gregg Jakobson, di realizzare una sorta di documentario su Manson e sulla Family. L'idea di fondo era quella di togliersi definitivamente di torno Manson, che stava diventando sempre più invadente con le sue ambizioni nel mondo della musica, ma neanche a dirlo il documentario si rivela un vero disastro.

Wilson allora propone ai Beach Boys di incidere una canzone scritta da Charles Manson nel loro nuovo album, cosa che crea non pochi disagi nel gruppo. I componenti della band infatti non sopportavano la strana influenza che Manson aveva sul loro batterista e stavano facendo di tutto per allontanarlo dalla band. Alla fine Wilson la spunta e così *"Never Learn Not To Love"* viene inserita nell'album 20/20, pubblicato nel 1969. Il pezzo ufficialmente viene firmato soltanto da

Il singolo di "Never Learn Not To Love"

Dennis Wilson (il testo originale di Manson del resto è stato pesantemente modificato) e la band liquida Manson con una grossa cifra in contanti e una motocicletta, a patto che sparisca.

Lo Spahn Ranch

Nell'agosto del 1968 la Manson Family si trasferisce in un vecchio set di film western ormai in disuso, lo Spahn Ranch. Il proprietario del ranch è un ottantenne quasi cieco che in cambio di sesso con alcune delle giovanissime ragazze del gruppo e di alcuni piccoli lavori di ristrutturazione permette a Manson e ai suoi di vivere gratuitamente all'interno della sua proprietà. In questa cornice isolata dal mondo, pittoresca e per certi aspetti sinistra Manson inizia a covare sempre più odio nei confronti della società civile e del mondo delle etichette discografiche in particolare. Si sente tradito, sfruttato, deriso. Secondo lui la sua musica non solo non viene valorizzata a dovere ma addirittura viene copiata e plagiata da gruppi e cantanti famosi.

Lo Spahn Ranch ai tempi della Family.

Lo Spahn Ranch come appare oggi è visibile in queste due foto scattate durante il nostro sopralluogo del 2019. Oggi infatti quel che resta dello Ranch fa parte del Santa Susana Pass State Historic Park, dopo che un incendio ha distrutto negli anni '70 la struttura originaria del ranch.

CHARLES MANSON

LA MANSON FAMILY

«Ogni giorno era Halloween per noi»

La vita all'interno della Family si svolge comunque in maniera tranquilla. Del resto esperimenti del genere non erano affatto rari in quel periodo e agli occhi di tutti la "Manson Family" sembra una delle tante comuni figlie del *flower power*.

> «Era un posto eccezionale.
> Potevamo fare tutto quello
> che volevamo e trasformarci
> in quello che volevamo.
>
> L'idea di fondo era quella
> di distruggere il concetto
> di tempo. Vivevamo come
> se il tempo non esistesse.

Ora e adesso era il nostro
motto, l'unico concetto
di tempo.

Un giorno ci travestivamo
da pirati, un giorno da cowboy.
Ogni giorno c'era un diverso
personaggio da interpretare
e così facendo tiravamo
sempre fuori un lato diverso
del nostro carattere.

Ogni giorno era Halloween
per noi».

Il meccanismo è semplice: Manson distrugge le personalità già fragili dei ragazzi che vivono con lui per ricostruirle e plasmarle sui suoi valori e sulla sua visione del mondo. Un meccanismo per certi aspetti non diverso da quello utilizzato da molti corpi speciali militari all'interno dei quali l'individuo si annulla per entrare a far parte di un gruppo sottoposto a una gerarchia forte.

«Spesso ti fermava e ti faceva
mettere le mani sulle sue. Poi
le muoveva in tutte le direzioni
e tu gli andavi dietro. Oppure
lo dovevi guardare e lui faceva
tutta una serie di facce che
dovevi imitare. L'idea di fondo

era quella di fare in modo che
noi ci vedessimo rispecchiati in
lui».

Un altro modo per controllare i suoi adepti erano le droghe: girava parecchia droga psichedelica tra i ragazzi del gruppo di Manson e spesso venivano organizzati dei "viaggi di gruppo" con lo stesso Charlie che però, a quanto ricordano i presenti, nessuno ha mai visto assumere alcuna sostanza. Manson arrivò al punto di inscenare delle rappresentazioni della crocifissione in cui si faceva flagellare e torturare. Il messaggio era chiaro: io sono disposto a morire per voi e voi? Siete disposti a morire per me?

Nel novembre dello stesso anno la Family trasferisce il suo quartier generale del suo gruppo nel deserto della Death Valley all'interno di alcuni ranch di proprietà dei parenti di una ragazza che nel frattempo si è unita alla Family.

A Ballarat, ghost town nella Death Valley, è possibile osservare quel che resta del pickup della Family. Dopo il processo e le condanne il furgoncino venne abbandonato dove è rimasto fino a oggi (foto di Corrado Della Luna).

The White Album

In quegli stessi mesi viene pubblicato il *White Album*, uno dei dischi più famosi dei Beatles. Manson diventa ben presto fanatico del gruppo che definisce "anima e parte del buco dell'infinito". Con il passare del tempo la paranoia di Manson cresce sempre di più, giorno dopo giorno.

Nei suoi deliri Manson arriva addirittura a dire che in realtà i Beatles hanno composto il *White Album* appositamente per lui e per la Family. Secondo Manson infatti alcuni passaggi dei testi dell'album erano stati inseriti all'interno delle canzoni dei Beatles con espliciti riferimenti alla Family, vediamo di che passi si trattava e qual era l'interpretazione di Manson.

Nel brano *Revolution*, ad esempio, si parla di una rivoluzione:

> "Dici che vuoi fare la rivoluzione: Bè, sai. Tutti noi vogliamo cambiare il mondo.
>
> Mi dici che è evoluzione. Bè, sai. Tutti noi vogliamo cambiare il mondo".

Manson interpreta queste parole come un chiaro riferimento all'imminente guerra razziale che avrebbe visto bianchi e neri scontrarsi per la supremazia.

Nel testo del brano dal titolo *Blackbird* si leggono le seguenti parole:

> "Merlo (uccello nero) che
> canti nel cuore della notte
> prendi queste ali spezzate
> e impara a volare.
>
> Per tutta la vita hai solo
> aspettato questo momento
> per librarti".

Anche in questo caso secondo Manson ci sarebbe un chiaro riferimento all'imminente presa di scontro tra bianchi e neri.

Nel testo del brano *Piggies* (maiali) si legge:

> "Avete visto i porcellini più
> grandi nelle loro bianche
> camicie inamidate?
>
> Scoprirete che i porcellini più
> grandi che smuovono il fango
> hanno sempre camicie pulite
> con cui giocare.
>
> Nei loro porcili con tutto
> il loro seguito non si
> preoccupano di quello
> che succede intorno.

Nei loro occhi c'è qualcosa
che manca.

Quello di cui hanno bisogno è
una sacrosanta sculacciata".

Secondo Manson con il termine *piggies* (maiali) i Beatles si riferiscono alla polizia e al potere politico in generale, che necessiterebbe di un'azione di forza ("una bella sculacciata") per riportare le cose nel loro ordine naturale.

In un passo del testo del brano *I Will* si legge:

"La tua canzone riempirà
l'aria. Cantala forte così potrò
sentirti.

Fa che sia facile starti vicino
perché le cose che fai
mi conquistano".

Secondo Manson questo brano sarebbe stato scritto appositamente per lui per invitarlo a scrivere e comporre musica per le masse ed essere riconosciuto come il nuovo messia.

Helter Skelter

Ma è *Helter Skelter* su cui si concentra maggiormente la paranoia di Manson: nel suo isolamento sviluppa l'idea che nel testo di questa canzone sia nascosto un messaggio che invita a una guerra razziale che porterà alla scomparsa dell'uomo bianco. Manson nella sua follia è convinto che la frase "Attenzione, la confusione sta arrivando giù velocemente" si riferisca alla fine del mondo.

Paul McCartney, autore della canzone, ha detto che in realtà il pezzo era riferito a uno scivolo che si trovava in un parco giochi londinese, tanto che Helter Skelter è un'espressione che può essere tradotta semplicemente con "confusione", "casino" o "azione compiuta all'improvviso".

Quella canzone però ha effettivamente una storia molto particolare, oltre al fatto che rappresenta un po' un'anomalia nel repertorio dei Beatles. Come hanno raccontato i musicisti di Liverpool la canzone venne incisa in appena mezz'ora nell'estate del '68 in un clima di incredibile eccitazione, tanto che Ringo Star dichiarò che alla fine di quella sessione di registrazione gli facevano male le mani da quanto aveva picchiato sulle pelli dei suoi tamburi, mentre George Harrison aveva indossato un cappello fatto da un portacenere a cui aveva precedentemente dato fuoco.

Sembra assodato che Manson e i suoi tentarono diverse volte di entrare in contatto con il gruppo di Liverpool con telefonate, lettere e telegrammi sempre, a quanto ci è dato sapere, senza successo.

C'è però chi è convinto che Manson sia riuscito a mettersi in contatto con John Lennon e che la sua morte sia in qualche modo collegabile alla presunta relazione intercorsa tra i due.

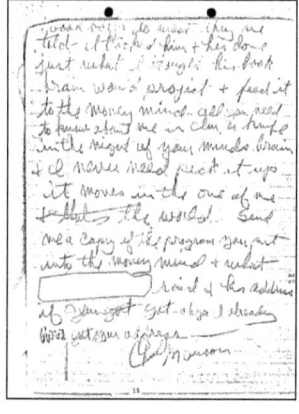

Copia di alcuni documenti presenti nel dossier dell'FBI su Charles Manson e sui delitti della Family, tra cui un foglio autografo dello stesso Manson (in alto a destra). Il dossier dell'FBI è molto approfondito, anche se gli omissis e le censure sono molto numerose nei documenti che abbiamo esaminato.

FUORI CONTROLLO

Terry Melcher se ne va

Terry Melcher già da tempo teme Manson e i suoi accoliti che, ormai, sono sempre più invasati: la brutta esperienza con i Beach Boys era ancora "fresca" e, quando se li ritrova in casa, Melcher è pronto a dire qualsiasi cosa pur di levarseli di torno. Arriva a promettere a Manson che presto produrrà un suo disco, poi per sbarazzarsi di quei piantagrane consegna loro le chiavi della sua Jaguar e una carta di credito. È la classica goccia che fa traboccare il vaso e così Melcher decide di andarsene dalla villa. Non vuole più avere niente a che fare con quella banda di pazzi e pensa bene di sparire senza lasciare tracce. La paranoia di Manson intanto è ormai fuori controllo. Si sente accerchiato, vede nemici ovunque. Nella sua testa Hollywood e l'industria musicale lo boicottano per le sue idee politiche, si sente una vittima del sistema.

L'ESPLOSIONE DELLA PARANOIA

Manson è sempre più arrabbiato, cerca in ogni modo di contattare Terry Melcher ma il produttore è sparito. Il ricordo delle sue promesse però è ancora vivo, Manson ora è convinto più che mai che sia arrivato il momento di incidere il suo disco, l'album che lo trasformerà in una rockstar. Così decide di andare nuovamente a parlare con Melcher, tanto sa dove abita e non può sfuggirgli. Il 23 marzo 1969 Manson bussa alla porta della villa al 10050 di Cielo Drive sulle colline di Los Angeles.

Melcher abitava lì, Manson lo sa bene, ma quello che non può sapere è che da alcune settimane quella è diventata la casa di Sharon Tate e Roman Polanski.

Manson viene fermato sulla porta da un amico di Sharon Tate che gli comunica che in quella casa non abitava nessuno di nome Melcher e lo invita a provare nella dependance degli ospiti. Manson allora bussa alla porta della casetta sul retro e parla con Rudi Altobelli che gli conferma che quella non è più la casa di Melcher. Altobelli è insospettito da come si comporta questo strano personaggio che aveva avuto modo di conoscere mesi prima quando Manson frequentava Dennis Wilson. Evita comunque di dare a Manson il nuovo indirizzo di Melcher e gli consiglia di andarsene.

Ferito nell'orgoglio e umiliato Manson torna a casa. La sua rabbia cresce ogni giorno di più.

Fuori controllo

Mandare avanti la Family senza il sostegno economico di Melcher e di Dennis Wilson è diventato difficile se non addirittura impossibile. Di fronte a queste difficoltà inaspettate la paranoia di Manson cresce in maniera esponenziale.

Agli inizi di luglio di quello steso anno il guru della Family ha una discussione accesa con uno spacciatore di colore al termine della quale Manson spara contro l'uomo. Dopo di che scappa convinto di averlo ucciso.

La follia di Manson è incontenibile: si sente accerchiato, è convinto che da un momento all'altro le Black Panters, il famoso gruppo di protesta afroamericano, verranno a cercarlo per vendicare la morte dello spacciatore. È a questo punto che il ranch della Family viene militarizzato: iniziano a girare armi e vengono organizzati turni di guardia su tutto il perimetro del campo. Si vive nella certezza che la guerra razziale sia alle porte.

Manson obbliga gli abitanti della Family ad avere un kit chiamato, manco a dirlo, *Helter Skelter*, che comprende di default abiti scuri, coltello a serramanico e sacco a pelo.

È in questo clima che inizia il viaggio nell'abisso del terrore.

L'OMICIDIO HINMAN

Il 25 luglio 1969 Manson manda tre dei suoi (Bobby Beausoleil, Mary Brunner e Susan Atkins) a casa di un loro conoscente di nome Gary Hinman. È convinto che Hinman abbia da poco ereditato una bella somma e vuole prendersi quei soldi. I tre tengono prigioniero Hinman per due giorni durante i quali lo picchiano e lo torturano selvaggiamente (arrivando anche a mozzargli un orecchio).

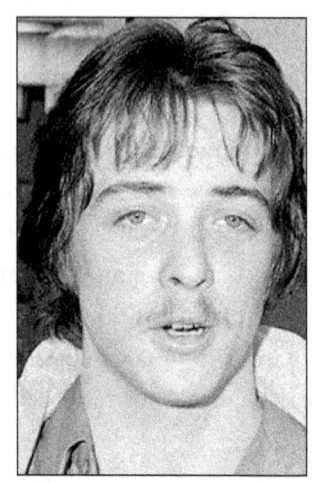

Bobby Beausoleil

Alla fine, di fronte all'ennesimo rifiuto di Hinman di dar loro i soldi (che del resto non aveva affatto ereditato) Bobby Beausoleil pugnala a morte l'ostaggio. Forse per sviare le indagini, o più probabilmente nel tentativo di esacerbare il conflitto razziale in corso, i tre disegnano sui muri della casa col sangue della vittima i simboli dei movimenti di protesta afroamericani. Pochi giorni dopo il delitto Bobby Beausoleil viene fermato dalla polizia per un controllo: la macchina che guida risulta appartenere a Hinman e nel bagagliaio c'è ancora l'arma del delitto insanguinata.

«Fate tutto quello che vi dice Tex»

Rinchiuso nel suo ranch Manson si autoconvince che la polizia arriverà presto anche a lui. Decide quindi di dare inizio all'*Helter Skelter*, ovvero quello che per il guru della Family è "l'inizio del caos". La notte dell'8 agosto 1969 Manson manda 4 dei suoi nella casa "*dove prima abitava Melcher*", ovvero in Cielo Drive. Il commando è composto da Charles "Tex" Watson, Susan Atkins, Patricia Krenwinkel e Linda Kasabian, i fedelissimi di Manson. L'obiettivo della missione è molto chiaro e non lascia spazio ad alcun dubbio o fraintendimento: "*uccidere chiunque si trovi in quella casa*".

> «Quella sera venne Charles
> e mi disse "su vieni, devi
> andare in un posto".
>
> Così mi ritrovai in macchina
> con Tex, Linda Kasabian
> e Susan Atkins.
>
> Mi disse "C'è da fare un'azione
> dimostrativa a Bel Air. Fate
> tutto quello che vi dice Tex".
> Tex mise in moto
> la macchina e partì».

CHARLES MANSON

La villa della prima strage della Family oggi non esiste più. Rudi Altobelli, l'ex proprietario, ne fece costruirne una nuova chiamata "Villa". È stato cambiato anche l'indirizzo, oggi è 10066 Cielo Drive. Com'è possibile vedere in queste foto che abbiamo scattato nel 2019 l'accesso alla Villa è vietato ("private road"). L'attuale proprietario è il produttore cinematografico Jeff Franklin.

LE STRAGI

Il massacro di Cielo Drive

Una volta arrivato in Cielo Drive il commando della Family si apposta nei pressi del cancello di ingresso per assicurarsi che tutto sia tranquillo. Dall'interno della casa giungono le voci di poche persone. Quella sera sono presenti la giovane moglie del regista Roman Polanski, l'attrice Sharon Tate (all'ottavo mese di gravidanza), Jey Sebring, un noto parrucchiere di Hollywood e precedente fidanzato di Sharon Tate, Wojciech Frykowski, sceneggiatore e amico della coppia, e Abigail Folger, compagna di Frykowski. È una serata tranquilla, si parla di musica, cinema,

Sharon Tate nel 1967 sul set di "Valley of the Dolls"

gossip… una serata come tante altre tra amici. Roman Polanski non c'è, è in Europa per impegni di lavoro. Sharon Tate probabilmente ha dimenticato da tempo quello strano individuo che si era presentato a casa sua poche settimane prima.

Prima di penetrare all'interno della casa Watson taglia i fili del telefono isolando l'abitazione. Il gruppetto quindi scavalca la recinzione a pochi passi dal cancello di ingresso. È mezzanotte e sono pronti all'assalto, quando dal vialetto che porta alla casa degli ospiti arriva un'auto. Al volante c'è Steven Parent un ragazzo che si trova lì per caso. Poche settimane prima il giovane aveva fatto amicizia con il custode della villa, quella sera era passato da lui perché voleva vendergli una radio. L'affare non era andato in porto, ma i due erano rimasti a bersi una birra nella dependance degli ospiti dove alloggiava il custode. Una manciata di minuti che purtroppo faranno sì che Parent si trovi nel posto sbagliato al momento sbagliato.

Quando è arriva davanti al cancello Parent vede davanti a sé Watson che gli intima di fermarsi puntandogli contro la sua calibro 22 e un coltello da macellaio. Parent è terrorizzato, ma cerca di parlare con Watson. Alza le mani in segno di resa e lo supplica di risparmiarlo. Purtroppo le su proteste cadono nel vuoto. Una potente coltellata lo raggiunge alle braccia recidendogli parecchi tendini. È a terra sanguinante quando viene finito da quattro colpi di pistola. È l'inizio dell'*Helter Skelter*.

Esplode l'Helter Skelter

Watson taglia la zanzariera di una finestra lasciata aperta ed entra in casa, apre la porta e permette a Susan Atkins e Patricia Krenwinkel di entrare, mentre Linda Kasabian resta di guardia all'esterno. Il gruppo è a pochi passi da Sharon Tate e i suoi amici. Frykowski si è appisolato sul divano del soggiorno e gli altri, per non disturbarlo, si sono sportati in un'altra stanza per parlare. Forse svegliato da qualche rumore sospetto Frykowski si riprende e si trova davanti Watson che lo colpisce violentemente con un calcio alla testa. *"Io sono il diavolo e sono qui per fare il lavoro del diavolo"* gli dice Watson mentre è ancora a terra dolorante.

Nel frattempo Susan Atkins e Patricia Krenwinkel hanno trovato gli altri occupanti della casa e li stanno portando tutti in salotto. Sharon Tate e Jey Sebring vengono legati l'uno all'atra con una corda fatta passare attorno al collo. L'uomo si lamenta di questo trattamento inferto a una donna incinta e, per tutta risposta, Watson gli spara un colpo di pistola a bruciapelo lasciandolo a terra agonizzante.

Abigail Folger cerca di trattare con quel gruppo di pazzi e offre loro del denaro. Viene accompagnata in camera da letto dove aveva lasciato la borsa e offre loro tutti i soldi che aveva con sé, 70 dollari. Una volta intascato il denaro Watson finisce Sebring massacrandolo a coltellate sotto gli occhi terrorizzati di Sharon Tate e degli altri.

Frykowski intanto tenta di aprirsi un varco verso la porta di ingresso ma viene raggiunto da Watson che lo colpisce con violenza al cranio con il calcio della pistola, rompendone addirittura il manico. Poi lo accoltella numerose volte per poi finirlo con due colpi di pistola.

Orrore senza fine

Linda Kasabian, che era rimasta fuori a fare da palo, sente tutto quello che sta succedendo e non ce la fa a resistere. Nella speranza di interrompere il massacro raggiunge la casa e dice agli altri di aver sentito dei rumori e che con ogni probabilità qualcuno sta arrivando. Approfittando quei pochi istanti di discussione e disattenzione Abigail Folger riesce a sfuggire al controllo del gruppo, salta da una finestra e raggiunge la piscina sul retro, ma anche lei viene presto raggiunta e finita con 51 coltellate inferte con violenza disumana.

> «Mentre la pugnalavo ricordo
> che disse "Sono già morta"».

Sharon Tate adesso è rimasta da sola. È all'ottavo mese di gravidanza e, anche volendo, non potrebbe tentare nessuna reazione. È accerchiata, terrorizzata. Nonostante quella situazione disperata cerca di parlare con Watson e Susan Atkins (i due leader del gruppo). Li prega di tenerla in vita fino al momento della nascita del suo unico figlio, si offre di seguirli diventato un loro ostaggio, chiede solo che venga risparmiata la vita del bambino che porta in grembo. Krenwinkel di fronte a quella scena surreale esita, non trova la forza di uccidere quella ragazza incinta. Tutt'altro discorso per Susan Atkins che, come riportato dalle carte processuali, esclama:

> «Ascolta puttana, non mi importa di te. Non mi importa del tuo bambino.
>
> Stai per morire e non me ne frega assolutamente nulla»..

Tex allora prende l'iniziativa e pugnala al cuore Sharon Tate. La vista del sangue scardina gli ultimi blocchi, la violenza cieca e omicida si scatena e così tutto il gruppo si scaglia contro quella povera donna infierendo su di lei senza pietà. Alla fine sul suo cadavere martoriato verranno contate più di 160 coltellate.

Anni dopo Watson ricorderà che mentre moriva Sharon Tate pronunciò parecchie volte la parola "mamma".

Prima di lasciare la casa per depistare le indagini e indirizzarle verso la comunità di colore, Susan Atkins scrive sulla porta di ingresso col sangue di Sharon Tate la parola *"Pig"*, ovvero maiale (termine usato per identificare i poliziotti). Sulla via di casa i quattro si cambiano gli abiti con vestiti puliti.

> «Quando rientrammo al ranch
> Manson ci stava aspettando
> e io per la prima volta gli dissi
> "Charly... erano così
> giovani...", ma lui stizzito
> mi rispose solo "Fila via,
> vai con Tex"».

L'OMICIDIO LaBianca

Il giorno dopo, su indicazione di Charles Manson, Leslie Van Houten, Steve Grogan più i quattro della strage di Cielo Drive si introducono nella casa dell'imprenditore Leon LaBianca e di sua moglie Rosemary. Quella notte è lo stesso Manson a guidare la macchina. Durante il tragitto, durato alcune ore, Manson cambia obiettivo spesso: di volta in volta il gruppo si apposta nei pressi delle case di altre potenziali vittime ma si rende sempre conto, ogni volta per una ragione diversa, dell'impossibilità di portare a termine con successo l'operazione. E così cambiano idea e continuano a cercare.

Alla fine arrivano al 3301 di Waverly Drive, una villa che conoscevano per aver partecipato l'anno precedente a una festa poco distante. Manson e Watson spiano dalle finestre della casa che quella sera è immersa nella più assoluta tranquillità. Disteso sul divano vedono un uomo che dorme. Si tratta del proprietario di casa, l'imprenditore Leon LaBianca. Manson e Watson allora entrano in salotto da una finestra e legano Leon LaBianca. Watson poi va in camera da letto dove si trova l'ignara moglie dell'imprenditore e la trascina in salotto. Le teste di entrambi vengono coperte con delle federe per cuscini. A questo punto Manson esce di casa e fa entrare Leslie Van Houten e Patricia Krenwinkel. Soltanto quando Manson se n'è andato i due prigionieri vengono brutalmente assassinati a colpi di baionetta.

Il dossier dell'FBI dedicato agli omicidi Tate e LaBianca

Ecco come ricorda quei momenti Leslie Van Houten:

> «È come se non ricordassi alcun rumore di quella notte.
>
> Ricordo solo che ero in quella stanza, non ricordo come morì Rosemary LaBianca.

> A un certo punto Tex si girò e
> mi disse di fare qualcosa
> perché Manson gli aveva detto
> di assicurarsi che tutti
> si sporcassero le mani
> di sangue.
>
> Allora ho pugnalato la signora
> LaBianca sulla schiena per 16
> volte».

Con la stessa baionetta Watson incide la parola "War" sull'addome dell'uomo ormai morto. Sui muri della casa vengono scritte, col sangue delle vittime, le parole *"Death to Pigs"* *"Rise"* e *"Healther Skelter"* (con un errore di ortografia evidente). Il tentativo, ancora una volta, è quello di orientare le indagini verso la comunità afroamericana.

Infine, a totale sfregio, il cadavere di Leon LaBianca viene ripetutamente colpito con una forchetta che viene lasciata piantata nello stomaco della vittima.

Manson nel frattempo ha lasciato la zona e si sta dirigendo verso Venice Beach con gli altri membri del commando (i tre rimasti a casa LaBianca quella sera faranno l'autostop fino a casa).

L'obiettivo è un attore amico di Linda Kasabian ma la ragazza, l'unica del commando ad aver mai dimostrato un qualche sentimento umano, bussa volontariamente all'appartamento sbagliato svegliando un perfetto sconosciuto. Sfumata l'idea della duplice strage in una notte il gruppo fa così rientro a casa.

*Un poliziotto presidia il vialetto d'ingresso della villa di Leon LaBianca al 3301 di Waverly Drive all'indomani della strage.
Nelle foto sotto è possibile vedere la villa oggi. Nel 2019, quando l'abbiamo visitata, la villa "The Los Feliz" era in vendita.*

CACCIA AI FIGLI DEL DIAVOLO

La polizia brancola nel buio

La strage di Cielo Drive viene scoperta l'indomani quando il domestico della casa arriva nella proprietà di primo mattino. Sono passate appena una manciata di ore e gli investigatori non riescono a fiutare nessuna pista. Si pensa a un delitto maturato nel mondo della droga, considerata a torto a ragione una delle piaghe della Hollywood dell'epoca, oppure a una rapina finita male. Ma nessuna delle ipotesi sembra convincere chi indaga: troppa violenza, troppo sangue, troppa crudeltà gratuita e priva di qualsiasi senso. È chiaro che quella strage non può essere considerata un delitto comune, gli agenti sono tutti d'accordo: certe cose non si sono mai viste in California.

Si sospetta anche di Garretson, il custode amico di Steven Parent, che si trovava nella dependance degli ospiti, ma presto viene escluso dalle indagini.

Il giorno successivo, il 10 agosto, vengono scoperti i corpi di Leon e Rosemary LaBianca. A fare la macabra scoperta è il figlio di primo letto di Rosemary, il quindicenne Frank Struthers, che non sentendo la madre da alcune ore si insospettisce e entra nella casa assieme al fidanzato della sorella, Joe Dorgan.

Le indagini vengono affidate a due team diversi di poliziotti e già il 12 agosto il Dipartimento di Polizia di Los Angeles, durante una conferenza stampa, esclude ogni connessione tra i due omicidi. Nonostante le numerose similitudini gli investigatori sono assolutamente convinti che i due casi siano indipendenti e scollegati tra di loro.

Il 16 agosto una retata ordinata dallo sceriffo locale porta all'arresto di Manson e di alcuni membri della Family. L'accusa è di traffico di auto rubate ma un errore nella compilazione del mandato di cattura rende nulla la procedura, così Manson e i suoi vengono rilasciati dopo pochi giorni. Intanto le indagini sui due duplici omicidi non portano a nulla, la polizia brancola nel buio senza nessuna pista concreta.

La prima svolta nelle indagini

A un certo punto però il team di poliziotti che indaga sull'omicidio LaBianca, di età media inferiore rispetto a quello che indaga sul caso di Cielo Drive, nota una possibile connessione tra le scritte rinvenute in casa e "*l'ultimo album del gruppo The Beatles*". Ma si tratta di indizi labili, seppur basati su intuizioni corrette, che non permettono di restringere la rosa dei sospetti.

Vengono svolte delle indagini su altri omicidi simili e tra le carte emergono i verbali dell'omicidio Hinman, da cui si evince che durante le indagini era stata sentita, in qualità di persona informata sui fatti, anche la fidanzata di Beausoleil, Kitty Lutesinger. Da un'ulteriore indagine sul casellario giudiziario di Lutesinger si scopre che era stata di recente arrestata, ma poi subito scarcerata per quel famoso vizio di forma, durante la retata ai danni della Manson Family. A questo punto gli investigatori iniziano a capire di aver imboccato una pista potenzialmente buona.

Le indagini si allargano a una banda di motociclisti che aveva avuto numerosi contatti con Manson e i suoi, e sono loro per primi a suggerire elementi concreti che legherebbero la Family alle due stragi. Gli agenti sono convinti di aver imboccato la pista giusta, il bandolo della matassa non può essere molto lontano, anche perché nel frattempo un'amica di Susan Atkins si presenta alla polizia per suggerire ulteriori elementi che evidenziano il collegamento tra il gruppo di Manson e le stragi.

L'arresto di Susan Atkins

Nel frattempo Susan Atkins viene arrestata. Fin dai primi giorni di detenzione confida alle compagne di cella le sue pesanti responsabilità negli omicidi Tate e LaBianca. In quegli stessi giorni un ragazzino di 10 anni di nome Steven Weiss rinviene non lontano da casa sua una pistola calibro 22 che viene prontamente consegnata alla polizia.

Anche se la famiglia Weiss vive a pochi chilometri di distanza da Cielo Drive, gli investigatori però, ancora una volta inspiegabilmente, non mettono in connessione l'arma con la scena del crimine. Il signor Weiss, il padre del ragazzo, è convinto che i due casi siano collegati e così dopo una serie di telefonate riesce finalmente a convincere un agente a far analizzare l'arma.

Il 2 dicembre 1969, vengono spiccati mandati di cattura per Watson, Krenwinkel e Kasabian per l'omicidio Tate mentre Manson, all'epoca di nuovo in galera per altri motivi, non viene inserito nella lista dei sospetti.

Tutti i sospettati vengono velocemente individuati e arrestati. Linda Kasabian addirittura si consegna spontaneamente alle autorità e decide di collaborare con la giustizia in cambio dell'immunità.

CHARLES MANSON

In queste foto che abbiamo scattato nel 2019 durante la nostra indagine in California su Charles Manson e sulla Family, è possibile vedere la casa in cui viveva la famiglia Weiss al 3627 Longview Valley Rod. La casa è rimasta praticamente uguale a com'era negli anni '60, quando avvennero le stragi. La pistola venne ritrovata dal figlio di Weiss nel boschetto dietro alla casa, vicino al il parco privato del 1055 di Cielo Drive.

PROCESSO ALLA FAMILY

Inizia il processo

Il processo si apre ufficialmente il 15 giugno 1970. Sul banco degli imputati siedono tutti gli autori materiali dei delitti più Charles Manson, che sebbene non abbia fisicamente compiuto alcun omicidio, è considerato l'ispiratore e la mente del gruppo. Le accuse sono pesantissime: omicidio e cospirazione.

Ben presto il processo si trasforma in un evento mediatico che ipnotizza tutta l'America. Uno spettacolo a tratti macabro e violento, a tratti addirittura paradossale, per certi aspetti quasi comico. Manson in un primo momento vuole difendersi da solo, ma dopo numerose mozioni prive di senso e fatte con il solo apparente scopo di ritardare il processo o condizionare i testimoni, gli viene negata questa possibilità.

Intanto fuori dal tribunale stazionano in pianta stabile diversi membri della Family. Sono lì per stare il più vicino possibile al loro leader, per dargli supporto e per avvertirne l'aura energetica. Quando Manson si incide con il coltello una X sulla fronte (che anni dopo diventerà una svastica), tutti i membri della Family dentro e fuori dal carcere fanno lo stesso in segno di stima e solidarietà.

Durante le audizioni dei testimoni intanto emergono oscuri retroscena, come il fatto che Manson avesse ordinato di lasciare il portafogli di Rosemary LaBianca in un quartiere popolato prevalentemente da afroamericani per depistare le indagini e indirizzarle verso la comunità di colore.

Alta tensione

Inutile sottolineare come la tensione sia altissima, fuori e dentro l'aula di tribunale: i manifestanti della Family infatti sono in picchetto continuo, sporcano ovunque e provano più volte a entrare in aula per assistere al processo forzando i blocchi della polizia.

Per i media quella "banda di freak", come vengono presto soprannominati, sono una vera e propria manna dal cielo dato che fanno aumentare in maniera esponenziale le copie dei giornali e i dati d'ascolto delle tv.

I membri della Family però non sono soltanto un carrozzone variegato che rende originale quel processo: cercano di condizionare i testimoni come Paul Watkins che sta dormendo all'interno del suo furgone quando le fiamme lo avvolgono. Si salva per miracolo e i sospetti che si tratti di un incendio doloso sono tutt'altro che infondati. Barbara Hoyt, un membro della Family e testimone dell'accusa, viene convinta a mangiare un hamburger pieno di LSD. La speranza è che impazzisca e non riesca a ritrovare la ragione ma la ragazza sopravvive e inizia a collaborare con le autorità.

Il 5 ottobre Manson viene cacciato dall'aula per aver tentato di aggredire fisicamente il giudice. Le testimonianze sono chiare e le prove schiaccianti, ma il lavaggio del cervello subito dai membri della Family è tale che, per decisione stessa della difesa, nessuno di loro viene ascoltato come testimone. Il timore è che tutti loro cerchino in qualche modo di minimizzare le responsabilità di Manson e di farlo scarcerare. Si tratta di un sospetto è più che fondato visto che "Charlie" continua a esercitare il suo influsso magnetico sui membri della Family. Nonostante quella situazione possa sembrare paradossale, nessuno degli adepti di Manson lo accusa, tutti giurano e spergiurano che lui non ha nessuna responsabilità in quello che è successo.

C'è anche un altro aspetto che preoccupa molto la Corte, ovvero la possibilità che Manson riesca a influenzare in qualche modo la giuria, particolare che il pubblico ministero vuole evitare nel modo più assoluto.

Manson alla sbarra

Il 17 novembre è la volta di Manson sul banco dei testimoni.

> «È la musica che dice ai giovani di alzarsi e scagliarsi contro il potere. Allora perché ve la prendete con me?
>
> Io non ho scritto quelle canzoni. E comunque non ricordo di aver mai detto a nessuno "Prendi un coltello e un cambio di vestiti, vai con Tex Watson e fai tutto quello che ti dice di fare"».

La strategia è chiara, Manson vuole far passare questa storia come un'iniziativa indipendente degli altri imputati che, al massimo, possono aver travisato le sue parole. La cosa più assurda è che tutti i membri della Family coinvolti nelle stragi sono i primi a sostenere questa tesi anche a costo di rimetterci personalmente. Sono pronti a essere condannati a morte purché Manson venga assolto.

Dal canto loro gli altri imputati fanno addirittura pervenire alla corte una serie di memorandum in cui sostengono una teoria strampalata: secondo loro gli omicidi Tate e LaBianca altro non sarebbero altro che dei tentativi, fatti all'insaputa di Manson, di scagionare il loro amico Beausoleil in carcere per l'omicidio Hinman. In buona sostanza loro avrebbero commesso degli omicidi simili per dimostrare l'estraneità del loro sodale con il primo delitto in modo che venisse scarcerato.

La prima pagina del Los Angeles Time con la notizia delle condanne.

LA SENTENZA

La giuria però non si lascia convincere e il 19 aprile 1971 arriva la sentenza: pena di morte per tutti, pena che verrà commutata in carcere a vita quando lo stato della California deciderà di abolire la sentenza capitale pochi mesi dopo.

Per Leslie Van Houten la condanna a morte è quasi una liberazione:

> «Ero felice di andare nella camera a gas.
>
> In qualche modo questa soluzione mi toglieva il peso di dovermi confrontare quotidianamente con quello che avevo fatto.

> Una specie di legge del
> taglione, io avevo ucciso
> e venivo uccisa.
>
> Per me andava bene così».

L'ORRORE CONTINUA

Intanto, nonostante la sentenza, i membri superstiti della Family non si danno per vinti e continuano a proclamare l'innocenza del loro leader. Secondo loro infatti si tratta di un enorme complotto contro di lui. La condanna e la detenzione di Manson non sembra fermare i suoi adepti, anzi per certi aspetti rinsalda i legami e li spinge ad azioni sempre più folli.

James L.T. Willett era un veterano della guerra del Vietnam di 26 anni con due turni di servizio attivo alle spalle. Tornato in patria aveva messo su famiglia con Lauren Chavelle, di pochi anni più giovane di lui. Dalla loro unione era nata una bambina. Forse per ingenuità, o forse perché amava avere gente intorno dopo la terribile esperienza di guerra, Willett aveva dato ospitalità ad alcuni ragazzi conosciuti per caso. All'inizio le cose erano andate bene, ma con il tempo i rapporti si erano fatti tesi.

Nel novembre del 1972 vengono ritrovati i corpi di Willett e Chavelle. Sono stati uccisi dalla Family, quei ragazzi strani che stazionavano a casa loro, perché avevano visto o sentito qualcosa che non dovevano sentire. Il corpo di Willett viene trovano in una radura. Quando la polizia fa irruzione nella casa vi trova anche il corpo della moglie, nascosto nel seminterrato. La bambina invece era ancora viva e si aggirava smarrita tra quel gruppo di persone bizzarre.

Nel frattempo emergono alcuni retroscena sulla vita allo Spahn Ranch dove la Family viveva con Manson. In particolare Manson viene riconosciuto colpevole e condannato all'ennesimo ergastolo per la morte di Donald Shea, un mandriano e all'occorrenza stunt-man amico del proprietario del ranch.

Manson era convinto che fosse stato Shea a fare la spiata che aveva portato gli agenti al ranch, oltre al fatto che probabilmente Shea era venuto a sapere qualcosa sugli omicidi Tate a LaBianca. Per questi motivi Manson, con l'aiuto di Bruce Davis e Steve Grogan, aveva ucciso a sangue freddo Shea occultandone poi il cadavere.

CHE FINE HANNO FATTO?

L'ATTENTATO AL PRESIDENTE FORD

Passano alcuni mesi ed ecco che il 5 settembre del 1975 Manson e il suo gruppo tornano alla ribalta della cronaca mondiale per il tentativo di omicidio del presidente Gerald Ford.

È mattina quando Lynette Alice "Squeaky" Fromme si apposta nei pressi del Capitol Park di Sacramento vestita con una tunica rossa. Dopo pochi minuti arriva il presidente Gerald Ford che deve tenere un discorso dopo pochi minuti. Contro ogni previsione Squeaky Fromme riesce a superare la sicurezza, si ferma davanti al Presidente e gli punta contro una Colt semiautomatica con 4 colpi nel caricatore.

Fortunatamente viene bloccata quasi subito dalle guardie del corpo del Presidente e messa in condizione di non nuocere. Processata per direttissima verrà condannata all'ergastolo, anche se poi sconterà 34 anni di carcere (oggi è libera).

Ecco cos'ha dichiarato la ragazza in seguito:

> «È vero, mi sono piazzata
> davanti al presidente e gli ho
> puntato contro un'arma ma
> l'ho fatto per un motivo.
>
> Sono stata così contenta di
> non dover premere il grilletto
> ma la verità è che ero andata lì
> per parlare della vita.
>
> Non solo la mia vita ma anche
> dell'acqua pulita, dell'aria
> buona e del rispetto delle
> creature e del creato».

Motivazioni ambientaliste a cui, manco a dirlo, non ha mai creduto a nessuno. Con questo tentato omicidio comunque cala il sipario sulla Family di Charles Manson.

I misteri della Family

Negli anni Manson e molti altri ex membri del suo gruppo detenuti come lui hanno rilasciato interviste e dichiarazioni provocatorie, a volte minacciose, ma si è trattato per lo più di atteggiamenti a uso e consumo dei media. Il vero mistero di tutta questa storia è indissolubilmente legato ai membri della Family.

Manson, che nel frattempo è morto dietro le sbarre il 19 novembre 2017, è stato sicuramente una persona dal fascino magnetico e dalle indiscutibili doti di leader. Nonostante tutto però negli anni passati in carcere non è riuscito a creare attorno a sé nessun gruppo di adepti. L'aspetto curioso e preoccupante allo stesso tempo, è che Manson riusciva a far presa su una specifica tipologia di persone: ragazze per lo più, bianche e con storie familiari ordinarie alle spalle.

Persone normali, ragazzi e ragazze della porta accanto, che per qualche scherzo del destino erano entrate in contatto con Manson e ne erano state immediatamente attratte. Come abbiamo ricordato Manson era capace di guardare una delle sue "prede" per pochi istanti e già poteva indovinarne i gusti e le aspirazioni più segrete. Per lui certe persone erano un libro aperto.

Ma quanti erano i membri della Family? Nessuno lo sa con certezza. Questa "organizzazione", come ogni setta fondamentalista o gruppo terroristico che si rispetti, era infatti organizzata a vari livelli. Per mutuare un linguaggio degli anni 70 potremmo dire che esistevano i "regolari", ovvero quelli che vivevano nella comune e avevano abbandonato famiglia e lavoro per stare con Manson, come Susan Atkins o Charles "Tex" Watson. C'erano poi gli "irregolari" ovvero coloro che pur mantenendo una vita apparentemente normale si erano inseriti stabilmente nella Family. C'erano infine le centinaia di "fiancheggiatori" ovvero amici e conoscenti che davano ospitalità a questo o a quel membro della Family o li invitavano alle loro feste. Il numero preciso dei membri del gruppo non è mai stato individuato, anche se le persone ufficialmente coinvolte a diverso titolo nelle indagini e di cui si ha la certezza che facessero parte della Family sono in tutto 60. Resta un mistero il numero completo dei simpatizzanti e dei fiancheggiatori, anche per questo che alcuni esperti tendono a attribuire a Manson e al suo gruppo anche altri fatti di sangue e violenze compiute prima e dopo la condanna del loro leader. Dopo il processo per la maggior parte i membri della Family sono spariti e hanno scelto di stare lontani dai riflettori, anche se molti di loro hanno continuato a vivere nei dintorni di Los Angeles, soprattutto a Van Nuys.

La maggior parte ha rinnegato l'esperienza nella Family, anche per evitare ogni possibile problema con la giustizia. Pochissimi irriducibili invece continuato a professare l'innocenza di Manson e parlano di lui come di un santone.

Bruce Davis

C'è chi ha ipotizza che Bruce Davis, uno dei membri della Family, fosse in realtà il killer dello

Zodiaco, il serial killer noto come "Zodiac". Noi ci siamo occupati anche del caso di Zodiac e siamo convinti che si tratti di una suggestione che non trova riscontro nei fatti.

Il 2 marzo 2013 a 70 anni, 42 dei quali passati dietro le sbarre per omicidio, Bruce Davis ha chiesto per l'ennesima volta i benefici di legge e la libertà vigilata ma la sua richiesta è stata respinta come sempre. Ecco le parole del governatore della California Jerry Brown che ha rifiutato di mettere la firma sul provvedimento:

> «Fino al momento in cui Davis
> non spiegherà dettagliatamente
> perché ha sempre protetto
> gli interessi della Family non
> ci potrà essere nessun
> provvedimento
> di scarcerazione.
>
> Davis deve anche spiegare
> bene qual è stato il suo ruolo
> in quell'organizzazione.
>
> È solo adesso, dopo 42 anni
> di prigione, che Davis inizia
> a dire qualcosa. Mi fa piacere
> ma non basta perché è chiaro
> a tutti che sta nascondendo
> qualcosa e non dice tutta
> la verità».

Davis ha fatto richiesta di ottenere la libertà vigilata anche nel 2015 e nel 2017. Nel 2019 sembrava essere arrivato il punto di svolta per lui dato che il Parole Board aveva rilasciato un parere positivo sulla sua scarcerazione. Il 15 novembre 2019 però il governatore della California Gavin Newsom ha negato a Davis la liberà condizionale, proprio come avevano fatto in precedenza i governatori Jerry Brown e Arnold Schwarzenegger.

Sandra Good

Sandra Good quando si era unita alla Family aveva appena 21 anni. È uscita di prigione nel 1985 dopo una condanna di 15 anni. Oggi vive libera a Corcoran, in California, a qualche chilometro dall'istituto in cui è stato rinchiuso per tutta la vita Charles Manson.

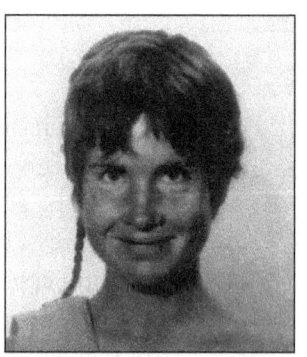

Sandra Good nel 1969

È rimasta fedele al suo guru (l'unica della Family insieme a Lynette Fromme a farlo in maniera pubblica), tanto che gestisce il sito internet MansonDirect.com, in cui si possono trovare foto, testi, canzoni e informazioni su Charles Manson (a cui peraltro sono dedicati molti altri siti online). Ha continuato a portare avanti la sua personalissima battaglia per difendere Manson e continua a farlo anche dopo la morte dell'ex guru della Family. A sentire lei infatti Manson è stato vittima di un accanimento contro da parte della giustizia americana che non voleva accettare la sua filosofia e le sue idee libertarie

> «Non c'era nessuna
> organizzazione o gruppo
> chiamato "The Family".
>
> Si tratta di un termine
> inventato dai media per
> definire un gruppo di persone,
> alcune delle quali sono state
> imprigionate nel 1969.
>
> Noi vivevamo in un ranch tra
> le montagne di Santa Susanna,
> lo Spahn Ranch, e poi ci siamo
> trasferiti nella Death Valley [...]
>
> C'erano centinaia di persone
> che andavano e venivano.
> In un secondo momento
> c'è stato un gruppo di persone
> che invece era molto unito
> ed è rimato vicino al nostro
> pensiero originale, e cioè
> quello di fermare la guerra
> in Vietnam, di proteggere
> la nostra aria, la nostra acqua,
> i nostri alberi e i nostri
> animali [...]

CHARLES MANSON

Manson non era il capo
al ranch. Facevamo tutto
spontaneamente, ognuno
faceva quello che voleva.

Lui non ha mai chiesto
che quegli omicidi venissero
commessi. Non ha mai chiesto
a nessuno di fare niente.
Eravamo sempre noi
a decidere».

In occasione dei 50 anni del caso Manson Oxygen TV ha realizzato uno speciale televisivo "Manson: The Women", una serie di interviste alle donne che hanno fatto parte della Family. Tra le tante donne intervistate c'è anche Sandra Good.

Sentirla parlare fa gelare il sangue nelle vene:

«Solo perché una persona
uccide non vuol dire che
sia una persona cattiva.

Le persone che sono state
condannate erano tutte brave
persone. Come puoi puntarci
il dito contro e chiamarci
malvagi soltanto per essere
buoni soldati e per aver fato
ciò che era necessario?

Quando si è in guerra non
si può parlare di omicidio.

Se vuoi parlare di persone
malvagie, di diavoli, e di gente
immorale allora vai
a Hollywood. Purtroppo
non siamo riusciti
a distruggere il marcio di quel
mondo, però siamo riusciti
a scalfirlo. Sì, c'era bisogno
di qualcuno che mostrasse al
mondo cosa fosse in realtà
[…]

Loro [*i membri della Family,
ndA*] mi hanno salvato la vita.
Sento che hanno davvero
salvato la mia salute mentale
e quella fisica.

Sono incredibilmente grata
a tutti loro».

Lynette "Squeaky" Fromme

Lynette "Squeaky" Fromme, ha scontato 34 anni di carcere per l'attentato al presidente Ford. Dall'agosto del 2009 è tornata in libertà sulla parola e ha fondato insieme all'amica Sandra Good l'ATWA (Air, Trees, Water, Animals), associazione di stampo ecologista che in realtà diffonde le idee e il credo di Manson. Le due donne hanno cambiato i loro nomi in "Red" (Lynette Fromme) e "Blue", che peraltro era il soprannome che lo stesso Manson aveva dato a Sandra Good ai tempi della Family per via del colore dei suoi occhi. Anche lei è stata intervistata nello speciale di Oxygen TV, e anche lei come la sua amica di vecchia data Sandra Good, ha difeso i suoi ex compagni della Family:

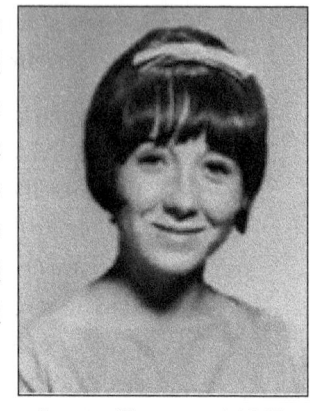

Lynette Fromme nel 1965

> «Charlie è stata la persona più intelligente che io abbia mai incontrato, e nessuno può rendersene conto senza averlo incontrato e senza aver parlato con lui...
>
> Ero innamorata di Charlie? Sì, lo ero e lo sono ancora. Quando ti innamori non puoi più uscire da quello stato.
>
> Charlie è stato frainteso, io sono orgogliosa di averlo incontrato anche se mi rendo conto di che reazioni possano

suscitare le mie affermazioni
dato che Charlie è considerato
il simbolo del male.

[*i membri della Family, ndA*] non
erano assetati di sangue.
Stavano soltanto facendo
quello che dovevano fare.

Non sono pentita né
dispiaciuta per quello che ho
fatto: non puoi essere
dispiaciuto se hai seguito
il tuo cuore»

Linda Kasabian

Come abbiamo ricordato Linda Kasabian è stata invece la prima donna della Family a pentirsi e a collaborare con la giustizia in cambio dell'immunità. Le sue dichiarazioni sono state fondamentali per la condanna di Manson e di tutti i membri della Family.

Dopo il processo è tornata nel New Hampshire e in seguito si è trasferita nello Stato di Washington.

Ha sempre rifiutato ogni contatto con i media e negli anni ha rilasciato soltanto due interviste (nel 1988 e una nel 2009). Ha avuto diversi problemi di salute ed è stata anche arrestata per droga.

Leslie Van Houten

Nel giugno 2013 una commissione per la libertà condizionale della California ha respinto la richiesta di rilascio presentata da Leslie Van Houten, un'altra delle ragazze della Family.

Foto segnaletica di Leslie Van Houten (1999)

La donna, ormai 63enne, è arrivata ormai alla 20esima richiesta di libertà vigilata, e per l'occasione aveva presentato una serie di prove della propria riabilitazione e del lavoro svolto durante la detenzione, ma la commissione ha deciso che la Van Houten dovrà restare in carcere, anche se alla richiesta erano state allegati 49 lettere inviate da amici della donna che si erano offerti di ospitarla e aiutarla una volta libera.

Queste le parole usate del commissario Jeffrey Ferguson:

> «I reati commessi erano troppo atroci e brutali. I crimini saranno sempre un fattore decisivo, la questione è se il bene supererà mai il male. Oggi sicuramente non è stato così».

Anche la successiva richiesta di libertà vigilata presentata da Van Houten nel settembre 2019 è stata negata,.

Nel maggio del 2020 l'avvocato di Van Houten, dopo che una sua compagna di cella era risultata positiva al Covid-19, ha presentato una nuova richiesta di libertà vigilata. Anche questa volta però la risposta delle autorità è stata negativa. A luglio 2020 Van Houten ha presentato per l'ennesima volta la richiesta di essere liberata sulla parola.

Patricia Krenwinkel

Patricia Krenwinkel è attualmente detenuta nella prigione di Chino, California. Anche a lei è stata sempre negata la libertà vigilata sulla parola (per 12 volte). È stata una delle prime ragazze della Family a pentirsi e a rinnegare Manson.

Attualmente è la donna detenuta da più tempo in un carcere californiano. Potrà fare nuova richiesta di libertà vigilata solo nel 2022.

Patricia Kreenwinkel nel 1969 e ai giorni nostri

Susan Atkins

Foto segnaletiche di Susan Atkins scattate nel 1969 e nel 1999

Susan Atkins è morta nel settembre del 2009 all'interno del penitenziario di Chowchilla nella Contea di Madera (California). Era malata da tempo di cancro al cervello, tanto che nel settembre del 2009 aveva chiesto la grazia al dipartimento di correzione e riabilitazione della California.

Durante gli anni della detenzione era diventata una "born again christian" e si era sposata per ben due volte in carcere. Nel 1977 aveva pubblicato il libro autobiografico "Child Of God, Child Of Satan".

Si era dichiarata "prigioniera politica" dopo che la sua richiesta di libertà sulla parola era stata respinta per ben 17 volte. Nel 2009, poco prima della sua morte, la grazia le era stata negata con queste motivazioni:

> «Solo per il fatto che Susan Atkins, all'epoca dei fatti, non mostrò la minima pietà nei confronti delle vittime e dei loro famigliari oggi nessuno dovrebbe aver pietà di lei».

Charles "Tex" Watson

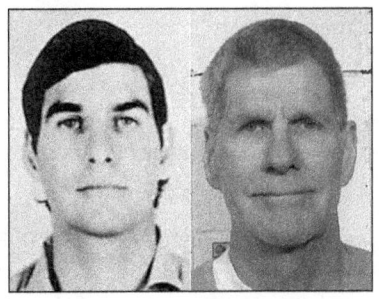

Tex Watson nel 1969 e ai giorni nostri

"Tex" Watson si è visto negare la libertà sulla parola per ben 14 volte. Potrà presentare una nuova richiesta nel 2020. Attualmente è detenuto nella Mule Creek State Prison di Ione, California. Nel 1978 ha pubblicato il libro "Will You Die For Me?"(Morirai per me?). Nel 1979 ha sposato Kristen Joan Svega. Anche lui come Susan Atkins è diventato un "born again christian" e ha fondato la congregazione degli Abounding Love Ministries.

Nel corso degli anni si è diffusa una teoria alternativa ai delitti della Family, teoria che vede al centro di tutto proprio Watson.

Figlio di una ricca famiglia texana molto devota alla chiesa metodista, cresciuto in un ambiente confortevole, Watson era il classico "bravo ragazzo americano". Un'infanzia felice, una vita perfetta fino all'esplosione della Summer of Love, quando Watson abbandona gli studi e inizia a vivere di espedienti.

Sottolineando il ruolo di primo piano avuto da Watson nelle stragi c'è chi ha ipotizzato che in realtà fosse lui il vedo leader criminale della Family e che Manson, invece, fosse soltanto un egomaniaco chiacchierone, uno svitato capace di catalizzare intorno a sé tanti giovani ma incapace di vere e proprie azioni criminali.

Non va dimenticato che durante la strage di Cielo Drive è stato Watson a dire *«io sono il diavolo e sono qui per fare il lavoro del diavolo»*, come abbiamo raccontato in precedenza.

Secondo questa teoria dunque Manson non dovrebbe essere considerato un serial killer, dato che le sue azioni criminali sarebbero motivate dal desiderio sessuale, dalla mania del controllo e dall'autocompiacimento. Al suo profilo mancherebbe dunque la necessità di uccidere (non va dimenticato che, ad esempio, Manson ha sempre negato la cosiddetta teoria dell'*Helter Skelter* definendola una pura invenzioni del procuratore distrettuale Vincent Bugliosi che fece condannare Manson e tutti i membri della Family).

A ideare gli omicidi dunque sarebbe stato Tex Watson per dimostrare a tutti di essere in grado di fare concretamente quello che il leader della Family aveva soltanto il coraggio di dire. Secondo questa teoria dunque le stragi della Family sarebbero state un tentativo di smascherare il bluff di Manson da parte di Watson per prenderne il suo posto a capo della family.

Watson è ancora in carcere ma è possibile contattarlo direttamente attraverso il suo sito internet "Abounding Love".

Bobby Beausoleil

Bobby Beausoleil è rinchiuso a Pendleton (Orego). Nonostante l'ergastolo ha ripreso la sua attività di musicista, componendo nel 1970 la colonna sonora di "Lucifer Rising", film di impronta satanica girato dal regista Kenneth Anger. Ha pubblicato poi una serie album. In carcere si è sposato e ha avuto 4 figli.

Ha richiesto per ben 19 volte la libertà vigilata ma gli è sempre stata negata. Nel gennaio del 2019 però il Parole Board per la prima volta ha espresso parere positivo per la concessione della libertà sulla parola. Ad aprile 2019 però il Governatore Newsom ha deciso di negare nuovamente la libertà vigilata a Beausoleil.

A luglio 2020, nonostante Beausoleil abbia dichiarato di essere un uomo completamente cambiato, gli è stata negata per la ventesima volta la libertà sulla parola. Ora potrà fare una nuova richiesta soltanto nel 2022.

Beausoleil è sicuramente uno dei personaggi più controversi tra quelli legati alla Family. È in galera per l'omicidio di Gary Hinman e non ha partecipato ai delitti della Family, anche se in molti sostengono che ne sia stato in parte l'ispiratore. Durante la sua prigionia è stato intervistato da Truman Capote e da altri celebri giornalisti americani, mantenendo sempre un "*high profile*" che sicuramente ha nuociuto alla sua causa. Lo stesso Beausoleil negli anni ha fornito una ricostruzione alternativa dei delitti della

Family, ricostruzione in cui viene notevolmente sminuito il ruolo di Manson.

«Io non c'entravo nulla con
i delitti della Family, e non
è vero che Tex avesse fatto
tutto quel casino per tirarmi
fuori dal carcere.

Mandando Tex in Cielo Drive
Charlie voleva prendere due
piccioni con una fava.

Manson infatti voleva
costringere Tex a compiere
un reato in modo da poterlo
ricattare, assicurandosi così
che non lo avrebbe mai tradito
dato che lo aveva visto sparare
alle pantere nere.

Quel reato altro non era
se non l'omicidio di Terry
Melcher: Manson era stato
fregato da Melcher dato
che non era stato inserito
nei credits del disco dei Beach
Boys e per questo voleva farlo
uccidere. Melcher non viveva
più lì? Sì, certo, ma Charlie
non lo sapeva.

A un certo punto negli anni
ho incrociato in galera Charlie

e gliel'ho chiesto, ma lui non avrebbe mai ammesso di aver fatto una cazzata.

Però aveva uno sguardo imbarazzato e mi ha detto "Ho mandato Tex ad ammazzare Terry". E poi niente, la situazione è esplosa e lui ha perso completamente il controllo. È tutto molto semplice, non ho nessun dubbio.

Tutte le ricostruzioni come la cosa dell'Helter Skelter sono state fatte a posteriori...».

Tutti i membri della Family

Come abbiamo raccontato i membri della Family coinvolti nelle indagini sono stati in tutto una sessantina. Non tutti però sono stati condannati per dei reati.

Nelle pagine che seguono trovate le foto di tutte quelli che sono entrati a vario titolo nelle indagini delle forze dell'ordine.

Nella prima riga in alto a sinistra troviamo Charles Manson seguito da Robert Beausoleil, Daniel Decarlo, Steven Grogan e Sandra Good.

Seconda riga (da sinistra a destra): Leslie Van Houten, Sherianne Cooper, Susan Scott, Ella Jo Bailey e Mary Brunner.

Terza riga (da sinistra a destra): Phil Phillips, Harold True, Charles Watson, Juan Flynn, Larry Bailey.

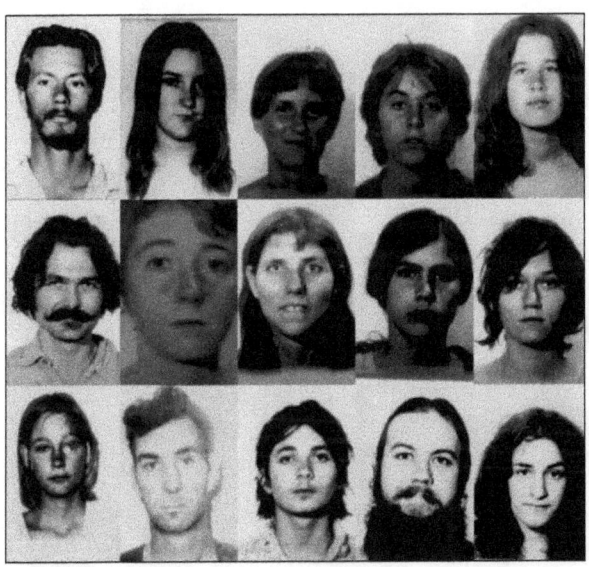

Prima riga (da sinistra a destra): David Lipsett, Colleen Sinclair, Stephanie Schram, Nancy Pitman e Dianne Lake.

Seconda Riga (da sinistra a destra): Bruce Davis, Lynette Fromme, Laura Shepard, Ruth Moorehouse e Madeline Cottage.

Terza riga (da sinistra a destra): Claudia Smith, William Vansicle, Paul Watkins, Jack Gordon e Carol Loveless.

Prima riga (da sinistra a destra): Kathryn Lutesinger, Thomas Walleman, Allen Delisle, Catherine Gillies e Charlee Griffin.

Seconda Riga (da sinistra a destra): Maria Alonzo, Barbara Rosenberg, Linda Kasabian, Diane Von Ahn e Barbara Hoyt.

Terza Riga (da sinistra a destra): Ruth Gordon, Raymond Pterizzo, Roberte Earl Murray, Thomas Galella e Robert Reinard.

Prima riga (da sinistra a destra): Albert Springer, Kenneth Bell, Susan Atkins, Bruce Hall e Charles Allen Beard.

Seconda riga (da sinistra a destra): Patricia Krenwinkel, Bryan Lukashevsky, Catherine Share, David Hannum e Larry Craven.

Terza riga (da sinistra a destra): Mark Bloodworth, Susan Bartell, Johnny Schwartz, Vern Plumplee e Stpehen Palazzo.

*Una delle ultime foto segnaletiche
di Charles Manson, scattata
nel giugno del 2011.*

«VEDO SANGUE TUTTI I GIORNI...»

Resta intatta l'amarezza per una storia che, poteva, forse essere evitata se il sistema penale avesse individuato Charles Manson come soggetto socialmente pericoloso ancora quando era stato incarcerato da giovane, anche se è sempre facile esprimersi a posteriori.

Resta lo stupore per delle indagini condotte molto spesso con superficialità e poca collaborazione tra gruppi di investigatori. Basti dire che dei quasi 30 omicidi che vengono genericamente attribuiti a Manson e alla Family solo quelli di Tate e LaBianca sono stati provati e sono passati in giudicato, di tutti gli altri restano solo ipotesi, teorie, supposizioni. Gli ultimi scavi alla ricerca di prove o di eventuali cadaveri nella Death Valley si sono conclusi nell'estate del 2008 con un nulla di fatto.

Resta soprattutto la paura che qualcosa del genere possa succedere ancora, il timore che si possa ricreare quella speciale miscela di fattori che hanno portato a questo orrore senza senso, anche se negli ultimi tempi il culto di Manson è diminuito, nonostante non manchino diversi siti internet a lui dedicati, come abbiamo già ricordato.

Charles Manson dal canto suo non ha mai mostrato alcun cedimento di coscienza. È rimasto chiuso fino alla fine nella sua cella di massima sicurezza nel carcere di Corcoran, California, continuando a odiare il mondo e tutta la società fino all'ultimo dei suoi giorni, rilasciando dichiarazioni folli come

> «Mi piacerebbe fare
> un meeting con Osama
> bin Laden».

L'ANNUNCIO DEL MATRIMONIO

Nel novembre del 2013 Manson è tornato a far parlare di sé un'ultima volta: il 79enne ex leader della Family aveva infatti annunciato di essere in procinto di sposarsi con una giovane 25enne. La notizia, pubblicata originariamente da Rolling Stones USA, ha destato naturalmente enorme scalpore.

La ragazza aveva dichiarato di essersi follemente innamorata di Manson dopo averlo conosciuto durante una visita nel carcere di Corcoran. La giovane si era addirittura trasferita vicino alla prigione pur di stare il più vicino possibile al suo maestro, così come lei stessa lo aveva definito. Alla fine comunque il matrimonio non si è celebrato, anzi lo stesso Manson dichiarò:

> «È una stronzata. Lo facciamo
> solo per il pubblico».

L'ex guru era comparso in una serie di foto con la sua promessa sposa, che si faceva chiamare semplicemente "Star": molto invecchiato, con i capelli rasati in un'improbabile cresta bianca, in più di una foto manteneva comunque un atteggiamento ironico, irriverente.

LA MORTE

Il 19 novembre 2017, dopo essere stato ricoverato pochi giorni prima in seguito a un'emorragia intestinale, Manson è morto a causa di un arresto cardiaco a 83 anni, al Kern County Hospital di Bakersfield. Era malato di cancro al colon da tempo. Tre persone hanno reclamato la sua salma e i suoi effetti personali:

- Jason Freeman, il suo unico nipote;
- Michael Channels, un vecchio amico di Manson in possesso di una lettera del 2002 in cui "Charlie"

lo nominava suo erede universale;
- Ben Gurecki, un altro amico di Manson, in possesso anche lui di una lettera (datata però 2017) in cui Manson nominava suo unico erede Matthew Roberts, suo figlio presunto.

Il 12 marzo 2018, le autorità giudiziarie della contea di Kern si sono espresse in favore di Freeman, l'unico parente diretto di Manson. Il nipote poi ha fatto cremare i resti di Manson il 20 marzo 2018.

Dell'ex guru della Family ormai non resta più nulla, se non la sua leggenda nera ammantata di mistero, terrore e violenza. E, naturalmente, quello sguardo inquietante che comprare in tutte le su foto, anche quelle in cui ormai era vecchio e malato.

Quello sguardo folle e ipnotico che ha annegato in un mare di sangue il sogno del *flower power* trasformandolo in un incubo senza ritorno:

> «Vedo sangue tutti i giorni.
> Tutti i giorni qualcuno viene
> ucciso, accoltellato,
> picchiato…
>
> Questo è stato il film
> che ho visto tutta la mia vita.
>
> Potete mettere 100 cadaveri
> davanti alla mia cella e la cosa

non mi farà alcun effetto.
Ve lo garantisco.

Io non ho mai forzato
nessuno a fare nulla.

Hanno fatto quello che
volevano veramente fare,
senza costrizioni.

Io ero solo   lì per sostenerli.

Ricordatevi che io sono dentro
di voi. Vivo dentro ognuno
di voi».

*Foto segnaletiche di Charles Manson
scattata nell'aprile del 1968.*

JACOPO PEZZAN & GIACOMO BRUNORO

Jacopo Pezzan e Giacomo Brunoro si sono conosciuti sui banchi del liceo negli anni '90.

Insieme hanno fondato LA CASE Books nel 2010 con cui hanno pubblicato una serie di ebook e audiolibri che raccontano i più celebri casi di true crime italiani e internazionali.

CHARLES MANSON

LA CASE BOOKS

LA CASE Books è un progetto editoriale nato nel 2010 da un'idea di Jacopo Pezzan e Giacomo Brunoro.

Agli inizi del 2010 infatti Pezzan, che vive a Los Angeles, capisce che quella dell'editoria digitale non è una semplice scommessa sul futuro ma una realtà concreta.

Così quando in Italia non era ancora possibile acquistare ebook su iTunes, e Kindle Store era attivo soltanto negli USA, LA CASE Books inizia a pubblicare ebook e audiolibri in italiano e in inglese sul mercato mondiale.

Nel 2020, per celebrare i primi dieci anni di attività della casa editrice, iniziano anche le pubblicazioni in formato cartaceo. Oggi LA CASE Books ha un catalogo di più di 600 titoli tra libri cartacei, ebook e audiolibri in inglese, italiano, tedesco, francese, spagnolo, russo e polacco, ed è presente in tutti i più importanti digital store internazionali.

www.lacasebooks.com

CHARLES MANSON
Jacopo Pezzan & Giacomo Brunoro

Copyright © 2020 LA CASE
Copyright © 2013 - 2020 LA CASE
Tutti i diritti riservati

2020 - 1a Edizione Cartacea
2020 - 2a Edizione Digitale
2013 - 1a Edizione Digitale

LA CASE Books
PO BOX 931416, Los Angeles, CA, 90093
info@lacasebooks.com || www.lacasebooks.com

Nessuna parte di questo libro può essere riprodotta o archiviata in un sistema di recupero né trasmessa in qualsivoglia forma o mediante qualsiasi mezzo, elettronico, meccanico, tramite fotocopie o registrazioni o in altro modo, senza l'autorizzazione scritta esplicita dell'editore.

ISBN-13: 978-1-953546-96-8

www.ingramcontent.com/pod-product-compliance
Lightning Source LLC
Chambersburg PA
CBHW070854050426
42453CB00012B/2204